27
Ln 2084.

PUBLICATION NOUVELLE DE M. CROTON-DUVIVIER.

VOLTAIRE

TURLUPINÉ PAR

ALEX. DUMAS.

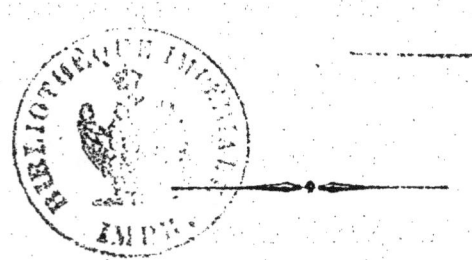

PARIS,
Charles NOLET, Libraire-Éditeur,
3, passage du Commerce.

1855.

En vente chez le même Libraire :

ALEXANDRE DUMAS

EMBÊTÉ PAR

M. CROTON-DUVIVIER,

Rentier, ex-fabricant de draps d'Elbeuf.

(ÉDITION D'AUTEUR.)

L'édition de cette brochure est presque épuisée.

En préparation :

MÉMOIRES D'ANACHARSIS

CROTON-DUVIVIER,

RACONTÉS PAR LUI-MÊME ET ÉCRITS

PAR

ANTONIO WATRIPON.

AU PUBLIC.

Je croyais en avoir fini avec M. Alexandre Dumas.

— Laisse-le donc tranquille ; il finira bien tout seul.

— Je ne dis pas le contraire. Mais n'est-ce pas une comédie ? Voici qu'il attaque M. de Voltaire. *Monsieur* de Voltaire, comme on dirait *monsieur* Prudhomme, *monsieur* Jourdain, ou encore *monsieur* Buonaparte, comme disaient les royalistes boudeurs.

— Voltaire se défendra bien tout seul.

— Il est vrai que Voltaire est détrôné depuis que M. Dumas est proclamé, EN ALLEMAGNE, *le premier des écrivains français, non-seulement du temps présent, mais encore des temps passés...*

— Qui a dit cela ?

— M. OEttinger, un de ces savants de pacotille comme il y en a quarante mille en Allemagne et une centaine à Paris, où ils occupent la plus belle place au soleil de la littérature et des arts. Citez-moi une publication, une entreprise importante ; je vous défie de ne pas trouver à la tête de ladite entreprise ou de ladite publication un OEttinger quelconque.

— Que veux-tu ? les Betmann sont montés en graine...

— Ce Betmann, ou cet OEttinger, comme tu voudras l'appeler, publie, *toujours en Allemagne*, une bibliographie dans laquelle je trouve les lignes suivantes : *A. Dumas embêté par M. Croton-Duvivier, rentier et fabricant d'Elbeuf. S. L. et S. D.* (Paris, 1854). *Pamphlet dépourvu de tout esprit.*

— Remarque bien que la désignation bibliographique est fausse. Cette brochure est ce qu'on appelle une *édition d'auteur*. Le titre porte : *rentier, ex-fabricant de draps d'Elbeuf*, etc.

— C'est justement là où la main du faussaire est clouée sur la pièce. D'où je conclus qu'il n'a jamais eu un exemplaire de ma brochure entre les mains ; d'où je conclus qu'il a commis un *faux littéraire*.

— Dumas a saisi la balle au bond. Lis plutôt l'apostille qu'il joint à la note du Betmann-OEttinger : « Pardon, cent fois pardon, monsieur Croton-Duvivier, ce n'est pas moi qui le dis, c'est M. OEttinger. *Vous comprenez bien que n'étant pas forcé de vous lire*, JE NE VOUS AI JAMAIS LU. »

— Vois-tu percer le bout de l'oreille? L'OEttinger est le Bertrand de Raton-Dumas.

— Et toi, sens-tu le ton de mauvaise humeur que le spirituel Dumas met à me dire : « *N'étant pas forcé de vous lire*, JE NE VOUS AI JAMAIS LU? » Mon dieu! mon cher monsieur Dumas, pourquoi vous presser tant de répondre à une question qu'on ne vous a jamais adressée?... Franchement, savez-vous ce que je crois maintenant, à en juger par vos airs de d'Artagnan et par vos habitudes, qui sont celles de la *Gascogne gasconnante* : *c'est que vous m'avez lu, et que vous avez beaucoup ri en me lisant* (témoignage de Mme E..., témoin oculaire) ; et que c'est, au contraire, ce bon M. OEttinger qui ne m'a jamais lu, ce qui lui a fait commettre une indication fausse dans sa bibliographie...

— Que t'importe d'avoir été lu par un Betmann quelconque ? Est-ce que tu crois, par hasard, les OEttinger compétents en matière d'esprit ?...

— Je sais bien que, pour mon compte, ils ne m'ont jamais amusé. Si pourtant ! J'ai toujours pouffé de rire quand on m'a parlé de la naïveté de M. Betmann, le Prudhomme germanique. Laisse-moi te conter son histoire en deux mots. C'était à une séance du conseil municipal de Strasbourg. On délibérait pour savoir si on entourerait de chaînes la statue de Guttemberg. M. Betmann se lève et ne prononce que ces mémorables paroles : « Je foterai contre ; parce que là où il y avoir de la *chêne*, il n'y avoir bas de blaisir. » Le conseil municipal couvrit la motion du Betmann d'un tonnerre d'applaudissements et de fou-rires. Depuis ce triomphe, M. Betmann se croit une forte tête carrée ; il est devenu inabordable.

— Ton Betmann égale l'OEttinger de maître Dumas. Ils justifient à eux deux (Betmann et OEttinger) le mot de madame de Staël : « Quand un Allemand de cette espèce veut nous faire rire, il commence par se jeter par la fenêtre. »

— C'est ce qui explique comment et pourquoi l'OEttinger m'est tombé sur le dos. Tudieu! quel pavé!

L'immortel La Fontaine eut un trait de génie le jour où il conçut ces vers qu'on dirait écrits tout exprès pour 1855 :

> J'aime mieux les Turcs en campagne,
> Que de voir nos vins de Champagne
> Profanés par des Allemands;
> Ces gens ont des hanaps trop grands;
> Notre nectar veut d'autres verres.

Hélas! nous avons aujourd'hui les Turcs en campagne... Mais nous avons aussi bien des OEttinger qui prennent nos verres à champagne pour leurs affreux hanaps; aussi tombent-ils dessus à peu près comme des ânes qui viendraient s'abattre dans un bénitier.

Dieu vous préserve des OEttinger!

CROTON-DUVIVIER.

Pour copie authentique :

ANTONIO WATRIPON.

I.

QUE DIABLE M. DE VOLTAIRE PEUT-IL AVOIR FAIT A ALEXANDRE DUMAS?

Il ne manquait à la gloire de Voltaire, après avoir été attaqué par les Patouillet, les Nicolardot et autres modernes Desfontaines, que d'être contesté par M. Davy de la Pailleterie. Le privilége des maîtres de la pensée, dont le nom rayonne d'immortalité, est de causer des éblouissements et des vertiges à ces écrivains du genre étourneau, qui se croient dispensés de réfléchir, à ces joueurs de cornemuse qui n'ont mis dans leurs phrases que du vent; aussi rendent-elles un son pareil à celui des roseaux de Midas. En soufflant sur les métaux précieux on leur donne un nouveau lustre. Soufflez, mordieu! Monsieur Dumas, soufflez sur Voltaire de toute la force de votre courte haleine! Faites comme le fils Oculi avec papa Saint-Éloi, et le glorieux blason de notre grand-père à tous, saint Voltaire, n'en sera que plus resplendissant; vous verrez qu'il finira par éclipser celui de tous les Davy de la Pailleterie, quelle que soit l'envergure de leur toupet.

Du reste, il est à remarquer que tous les hommes à toupet de notre génération ont essayé de faire la barbe au patriarche de Ferney. Seulement leurs rasoirs n'étaient pas d'acier assez fin et assez trempé. Feu Don Alonzo-Narcisse de Salvandy, né coiffeur et mort académicien, est trépassé en croisant son fer à papillottes contre tous les mirmidons du XVIII.ᵉ siècle. C'est à un Narcisse du même acabit, essayant de faire le bel esprit, que Voltaire disait un jour : « Faites des perruques, mon cher, faites des perruques. »

Narcisse est mort; qu'on n'en parle plus!

Mais Narcisse mort, il nous reste Alexandre, l'enfant gâté du public.

Que nous veut encore Alexandre?

Alexandre se plaint de ce que M. de Voltaire l'empêche de dormir. Alexandre n'aime pas Voltaire, il l'avoue.

Tant pis pour Alexandre!

Alexandre n'aime pas plus Voltaire comme homme que comme historien, pas plus comme historien que comme poète dramatique, pas plus comme poète dramatique que comme poète épique.

C'est dommage pour Alexandre!

Alexandre prétend que quand les étudiants ne sont pas sages, on fait jouer, pour les punir, l'*OEdipe* de M. de Voltaire au théâtre de l'Odéon.

Alexandre manque d'impartialité. La jeunesse des écoles aime bien moins encore les ours dramatiques que M. Dumas fait passer sous le nom de M. Lokroy... Pardon! je me trompe... les ours que M. Lokroy hasarde sous le pseudonyme célèbre d'Alexandre Dumas... A preuve, *La Conscience*... Cet ours qui grogne depuis dix ans au moins dans sa cage, et qui, depuis dix ans, est traîné sans pitié de théâtre en théâtre, a communiqué au front de la jeunesse des écoles ses rides prématurées...

Alexandre reproche à Voltaire d'avoir fait une épopée sérieuse, *la Henriade*, qui, selon lui, est un mauvais livre...

Oui, mais Alexandre qui a fait plus d'un mauvais livre, n'a jamais écrit un poème sérieux.

Alexandre reproche encore à Voltaire d'avoir fait une épopée comique, *La Pucelle*, qui toujours selon lui, est une mauvaise action.

Oui, mais Alexandre, qui n'a jamais fait de poème comique, a écrit un triste livre qui s'appelle *Filles, Lorettes et Courtisanes*, dont il a copié une bonne partie, *copié*, entendez-vous? sans y changer un seul mot et une seule virgule, dans un ouvrage publié en 1824, sous ce titre : *Les Fêtes de la Grèce.*

Savez-vous, au fond, pourquoi Alexandre n'aime pas Voltaire ? Je vais vous le dire.

Voltaire a écrit quelque chose comme 120 volumes, qu'on peut faire tenir, à la rigueur, dans 70 volumes in-8°. Plus on les réimprimera, plus on les achètera et plus on aura besoin de les lire et de les relire.

Alexandre aurait écrit quelque chose comme 800 volumes que ça ne m'étonnerait pas ; il en écrira bien d'autres encore ; il a fait au moins 30 ou 40 pièces de théâtre ; il en ferait encore 1,200 que je n'en serais pas surpris ; mais plus nous marcherons vers l'avenir, moins on les imprimera et moins on éprouvera le besoin de les lire.

Équilibrez les deux plateaux d'une balance ; placez d'un côté les 800 volumes et les 40 pièces de Dumas ; de l'autre, les 70 volumes de Voltaire, y compris son théâtre, tout défectueux qu'il soit ; — vous verrez qui l'emportera ?

Un seul des *Contes* de Voltaire pèse plus, à lui seul, que tous les romans-Dumas réunis.

Il est possible que les tragédies de M. de Voltaire n'aient pas le *velouté* des drames-Dumas. Voici, du reste, comment un de nos critiques de talent, M. Jules de Prémaray, juge à son point de vue la dernière pièce de M. Dumas, *La Conscience*, dont le journal de M. Dumas a fait tant de bruit. Cette critique sert de compensation à celle d'*OEdipe* :

« M. Alexandre Dumas père, avec cette amusante fatuité qui en fait un des premiers comiques de son temps, n'a point donné l'analyse de *sa* pièce aux lecteurs de d'Artagnan, voulant, dit-il, leur laisser le *velouté* de la surprise. Je me garderai bien d'aller contre ce *velouté*.

« A propos de cette pièce, on a crié au miracle, on a salué une heureuse transformation du talent de l'auteur. Tout ceci est du fracas et de la niaiserie. M. Alexandre Dumas père n'a nullement changé sa manière; il reste un conteur infatigable, un bavard charmant, *un traducteur habile des idées des autres.* Dans *La Conscience,* quand M. Alexandre Dumas père s'écarte des infidélités de la traduction, il nous donne d'interminables tirades datées de 1830.

« Vous êtes-vous récemment ennuyé à relire *Antony ?* C'est une épreuve curieuse à faire après plus de vingt années. Aujourd'hui, le style des premiers drames de M. Alexandre Dumas père me produit l'effet d'une parodie. Antony ne me semblerait plus supportable que joué par Arnal. Il y a là une exagération d'expression, un ronflement de phrases qui provoquent le fou-rire. Certains passages de *La Conscience,* les passages vraiment écrits par M. Alexandre Dumas père, sont dans ce goût déjà suranné. Et puis, ce sont des monologues interminables, des longueurs puériles.....

« Le sujet du drame de *La Conscience* est emprunté, comme vous le savez, au théâtre allemand. Or, si l'on cite le comédien Iffland et le poëte Kotzebue, si l'on tait le nom d'un auteur moderne, troisième collaborateur que l'affiche ne nomme pas, M. Alexandre Dumas père, resté seul en évidence, fait assez piteuse mine au milieu de ce grand succès. NE PARLONS DONC PLUS DE M. ALEXANDRE DUMAS PÈRE; LE DRAME DE *La Conscience* PROUVE UNE FOIS DE PLUS QUE SA CARRIÈRE DRAMATIQUE EST TERMINÉE. »

Pardon, cent fois pardon, monsieur Alexandre Dumas, ce n'est pas moi qui le dis, c'est M. de Prémaray. Vous comprenez bien que, n'étant pas forcé d'avaler *La Conscience,* je ne l'ai jamais vu jouer.

II.

QUE DIABLE JEAN-JACQUES ROUSSEAU PEUT-IL AVOIR FAIT A ALEXANDRE DUMAS ?

Ce n'est pas d'aujourd'hui qu'en élevant des griefs contre M. Dumas, j'ose me faire l'écho d'un sentiment public ?

M. Dumas, qui doit peu se rappeler les pages qu'il a écrites, ne se doute peut-être pas qu'avant d'attaquer Voltaire, il a cherché à vilipender Rousseau. *Vilipender* est le mot, vous allez voir.

Je retrouve à cette occasion dans un journal que je publiais, il y a sept ans, *la Lanterne du Quartier-Latin* (1847), un article assez vif, si vif, que je ne le reproduirai pas textuellement.

Non-seulement M. Dumas se permet de faire tenir à Rousseau un langage peu français, mais encore il lui prête le langage de la palinodie. Après s'être insulté lui-même, Rousseau se laisse traiter ignominieusement par Thérèse, sa compagne. Citons textuellement, le lecteur jugera.

« Il ruminait (Rousseau).

« — Bon ! vous réfléchissez, dit-elle, vous allez encore faire quelque livre plein de vilaines choses.....

« Rousseau *frémit*.

« Vous rêvez, lui dit Thérèse, à vos femmes idéales, et vous
« écrirez des livres que *les jeunes filles n'oseront pas lire*. —
« Ou bien *des profanations qui seront brûlées par la main*
« *du bourreau*.

« *Le martyr frissonna. Thérèse touchait juste.*

« — Non, non, répliqua-t-il, je n'écrirai plus rien *qui*
« *donne mal à penser*...... Je veux, au contraire, faire un
« livre que tous les *honnêtes gens* liront avec des transports
« de joie.

« — Oh! oh! dit Thérèse, *c'est impossible, vous n'avez*
« *l'esprit plein que d'obscénités*..... L'autre jour encore, je
« vous entendais lire un passage de je ne sais quoi, et vous
« parliez des femmes que vous adorez... *Vous êtes un satyre!*
« *un mage!*

« Le mot *mage* était une des plus affreuses injures du vo-
« cabulaire de Thérèse. Ce mot faisait toujours *frissonner*
« Rousseau. »

Que pensez-vous, ô lecteur! de ces *frissons* et de ces *fré-
missements* dont M. Dumas accable le malheureux Jean-
Jacques? N'est-il pas assez malheureux, sans que M. Dumas
en fasse encore le dernier des imbéciles?

C'est le cas de répéter avec Voltaire : « On n'est pas historien pour avoir écrit des *histoires*. »

Mais voici le plus beau de la parodie que M. Dumas place
dans la bouche de Rousseau :

« J'ai médit des gens du pouvoir qui exercent la tyrannie
« contre les ÉCRIVAINS. *Fou, barbare que j'étais*, CES GENS
ONT CENT FOIS RAISON!...

« *Ma parole lancée pour éclairer les masses*, VOILA DU
« MOINS LE PRÉTEXTE QUE JE ME DONNAIS, *est une torche qui*
« *va incendier l'univers*. »

Admirez-vous avec quelle ingénieuse habileté M. Dumas
donnait aux lois de septembre son coup de goupillon..... Il est
vrai que, depuis, M. Dumas s'est fait apôtre de liberté.

Nous n'ajouterons pas un mot de plus à ce chapitre. M. Dumas a eu pleinement raison de l'écrire : « Il y a des morsures
dangereuses pour celui qui mord. »

III.

LA LITTÉRATURE-MOUSQUETAIRE.

M. Dumas s'en est pris aux deux plus hautes personnifications de la littérature française, soit! Mais qu'a-t-il donc à leur opposer?

Je sais bien qu'il est de force à nous répondre : « Moi! moi! dis-je, et c'est assez! »

Quoi! ce serait assez pour nous de la littérature des *Trois Mousquetaires* et de *Monte-Christo!* Or, à quoi a-t-elle servi jusqu'à présent dans notre pays, si ce n'est à donner aux costumiers l'idée d'un nouveau travestissement, ou à fournir des enseignes aux marchands de nouveautés?

— La littérature-mousquetaire est donc, selon vous, une littérature de carnaval?

— Oh! pour cela, d'accord!

— Tenez! supposez qu'on promène le bœuf gras par les rues; les trompes et les cornets à bouquin font entendre leurs rauques fanfares; la curiosité est à son comble; c'est le moment de parler de cette littérature.

Regardez un peu cette cavalcade qui sert de cortége au roi de la fête; vous voyez là un coin de notre littérature contemporaine; notre idéal ne dépasse en hauteur pas plus qu'en grosseur cette espèce de madame Taupin qui domine le char triomphal? Observez son escorte quelque peu en détail..... De vrais d'Artagnan, et surtout de vrais Porthos; — ceux-là! — des mousquetaires venus de Caen, de Poissy, des abattoirs, de toutes les barrières, et qui enfoncent les mousquetaires de roman; car ils abattraient un bœuf d'un coup de poing, et, à ce métier là, comme dans les romans, ils n'attrappent jamais de blessures dangereuses.

Vive Dieu! nous devons être contents ; hurrah! nous pouvons mugir de joie comme le bœuf gras mugit de fatigue, nous pouvons nous contempler à notre aise dans notre miroir et nous griser à notre propre tonneau.

Voici la dernière expression de notre nation chevaleresque, l'enfantement suprême du génie français : ces étalons humains à face rougeaude et barbue, au feutre empanaché, à la casaque galonnée, avec leurs airs de caserne, ces don Juan de vivandières, qui sont toujours vainqueurs à la dernière ration d'eau-de-vie, à la dernière pipe de tabac... Eh quoi ! il a fallu, pour les créer, un *effort de la nature*, comme dirait un grave historien.

Que non pas ! nous ne sommes pas les fils de pareils Olybrius !

Si nous ne pouvons pas être autre chose, soyons au moins les bâtards de Marot, de Rabelais, de Régnier, de d'Aubigné, de Saint-Simon, de Molière, de La Fontaine, de La Bruyère, de Piron, de Voltaire, de Diderot, de Lesage, de Beaumarchais !...

C'est sous les espèces des *Trois Mousquetaires* qu'on importe et qu'on adore la France aux colonies. Il est vrai qu'elles nous le rendent bien en nous envoyant des cargaisons d'ours *Oncle Tom*, pour lesquels le Jardin-des-Plantes ne serait pas assez grand.

Paris, la métropole des lettres et des arts, en regorge.

A Dieu ne plaise que je veuille laisser tomber le moindre sarcasme sur l'éloquent plaidoyer inspiré à une femme de cœur par la pitié la plus juste et la plus profonde...; mais je parle de l'abus de la chose, de cette fausse sensibilité qui répugne à notre tempérament français, de cette invasion de produits exotiques qui menace de tout envahir au détriment de ce qui est jeune et vivace sur notre sol, et au profit de ce qui est vieux et frappé de stérilité.

La littérature *Oncle Tom* est quelque peu cousine-germaine de la littérature-mousquetaire.

Tournez-vous au nord ou au midi, à l'est ou à l'ouest, vous ne remarquerez partout aujourd'hui, en fait de littérature, que des admirations ou des traductions d'œuvres étrangères.

Il y a une petite raison à cela. Cette importation d'œuvres étrangères, économique en principe, est habilement favorisée et entretenue par nos grands faiseurs, dont la réputation est établie, et qui ne peuvent souffrir de concurrence auprès d'eux. Ils écartent avec soin la production indigène, afin de demeurer seuls prophètes dans le pays qui les prône, et de proclamer hardiment les souverains qu'ils veulent bien adopter au dehors.

Ces souverains s'appellent Saphir ou Conscience, OEttinger ou Betmann. Franchement, nous préférons madame Bader, fût-elle armée de son *Volubilis*.

On se distribue les couronnes en famille, et l'on se dit que le public sera toujours assez badaud pour ratifier ces petites souverainetés de famille et de camaraderie.

Après cela, M. Alexandre Dumas vient nous dire avec son aplomb sans pareil. « Si *Le Mousquetaire* avait vécu du temps d'Hégésipe Moreau, Moreau ne serait pas mort de faim. »

Vous l'entendez, grand Dieu, et vous ne tonnez point!

Qu'on nous cite le nom d'un seul écrivain que *Le Mousquetaire* ait fait vivre, j'en défie M. Dumas!

Le Mousquetaire n'a su garder ni M. Philibert Audebrand, le seul vrai journaliste qu'il ait jamais eu, ni M. Alfred Asseline, l'auteur de l'*Enlèvement d'Hélène*.

Si Hégésippe Moreau avait vécu du temps du *Mousquetaire*, on aurait trouvé moyen de l'exclure au profit d'un Saphir, d'un OEttinger ou d'un Betmann quelconque; on l'aurait étouffé sous une médiocrité de rencontre.

Certes, si M. Dumas l'avait voulu, il avait le plus beau rôle à jouer, la plus belle place à prendre dans le monde de la pensée. Peu d'écrivains ont joui d'un crédit pareil au sien sur le marché des productions intellectuelles. L'auteur de *Caligula* a prouvé, quand il s'en est donné la peine, qu'il était un grand poëte, un artiste éminent. Nous souhaitons que la postérité lui reconnaisse un grand caractère. Le meilleur moyen de se mettre au-dessus des hommes et de commander leur admiration, c'est de se faire providence dès qu'on en a le pouvoir. En attachant son nom à un journal, M. Alexandre Dumas, qui est arrivé au faîte de la célébrité et qui a parcouru les deux tiers de sa carrière d'écrivain, pouvait tendre la main à ceux qui arrivent, leur ouvrir un asile sérieusement hospitalier..... peut-être est-il temps encore !... Hélas ! il nous en coûte de le dire, M. Alexandre Dumas a préféré rayonner seul aux dépens d'une foule de petites étoiles dont il a absorbé la lumière. Le temps est proche où nous aurons à constater l'éclipse totale de ce soleil qui a pris pour devise celle de Louis XIV : « *Nec pluribus impar.* » Dès aujourd'hui même on peut prédire cette éclipse.

Le public, qui a toujours l'air de se laisser prendre pour dupe, a ses petits retours ; le vieux renard ne dort que d'un œil et n'est badaud que tout juste. Il ne faut pas oublier, disait dernièrement un des vétérans du journalisme, que Guilbert de Pixérécourt a eu, de son temps, plus de réputation et de faveur que n'en obtiendra jamais M. Alexandre Dumas. Qui pense aujourd'hui à M. Guilbert de Pixérécourt ?

Un beau matin, le public, qui se lèvera mieux avisé que de coutume, établira son cordon sanitaire; il mettra en quarantaine les importateurs de la littérature *Oncle Tom* et laissera dans la fourrière des bibliothèques tous ces romans des bords de la Garonne et du Mississipi.

D'autres que nous se sont faits, il y a longtemps déjà, les Cassandre de cette fausse littérature.

Un des biographes les plus bienveillants d'Alexandre Dumas,

M. Charles Robin, qui s'est, malheureusement pour les lettres, retiré trop tôt sous sa tente, écrivait ceci, il y a près de dix ans, dans son grand ouvrage intitulé : *Galerie des Gens de lettres au* XIX*e siècle :*

« Il faudrait songer qu'un jour viendra, et ce jour n'est peut-être pas si éloigné qu'on le pense, où ce même public qui demande à grands cris des aventures, et toujours des aventures, en aura assez de ces interminables récits qui se ressemblent tous, au fond, d'une façon désespérante. La satiété lui donnera du goût, et il reviendra au simple et au naturel par réaction. Quand les lecteurs en seront là, où en seront les romanciers ? Ils auront depuis longtemps perdu le secret des analyses du cœur et du bon style, et ils se trouveront avoir abaissé leur talent ou compromis leur renommée pour plaire à un public qui à la fin les reniera.....

« ..... La faveur populaire est capricieuse, et le catalogue des astres littéraires éclipsés contient des noms qui, après avoir joui d'une renommée au moins aussi vaste que celle de M. Dumas, ont été ensevelis de leur vivant même dans un oubli profond. L'histoire nous montre une foule de pauvres Phébus éclopés qui ont inondé l'horizon de lumière avant de disparaître complètement de la voûte céleste. Qui connaît aujourd'hui Georges Scudéry, ce tranche-montagne littéraire dont la renommée éclipsa un moment celle de l'auteur de *Cinna*; d'Urfé, qui fut applaudi par l'Europe ; la Calprenède, qui tint la France pendant trente ans en extase ; Chapelain, dont le monde littéraire attendait les oracles à genoux, et qui vendit six éditions de sa *Pucelle* en dix-huit mois ; Restif de la Bretonne, dont la gloire remplit les deux mondes ; et enfin, Ducray-Duménil, qui inonda la France de larmes ? Et pour ne citer que des exemples plus rapprochés, nous avons M. d'Arlincourt ; quelle élévation et quelle chute profonde ! Essayez de lire aujourd'hui dix pages de la prose de ces royautés littéraires qui firent tourner tant de têtes. Que sont devenues, hélas! toutes ces œuvres tant aimées? Demandez-le aux sibylles des cabinets de lecture qui ont besoin de papier pour allumer leurs chaufferettes, ou aux rats des bibliothèques.

« Nous n'imiterons pas Champfort, qui demandait combien de sots il faut pour faire un public; ce que nous avons voulu démontrer, c'est que les apothéoses littéraires éclatantes, les suffrages de la foule ne sont pas des garanties réelles du talent. On sait ce que disait un sage : La foule m'applaudit : Est-ce que j'aurais fait quelque sottise?.... »

Nous n'y prenons pas garde, mais notre littérature est, à l'heure qu'il est, menacée d'une invasion de barbares. Assez de faux allemands et de faux grecs comme cela! Faux grecs qui croyez avoir inventé Homère; faux allemands qui prenez vos indigestions de choucroûte pour des inspirations et des rêveries. Puissiez-vous vous noyer dans cette petite bière littéraire dont vous essayez de nous inonder!

Arrière faux chevaliers! arrière d'Artagnan et les autres! Don Quichotte nous suffit; Don Quichotte vous surpasse encore.

Foin du chauvinisme littéraire! mais foin aussi de la littérature *Oncle Tom!*

Qu'il nous soit permis, dans la seconde partie du XIX.ᵉ siècle, d'être un instant nous-mêmes, ne le fussions-nous qu'un instant!

Laissons à *Manfred* son cœur dévasté, à *Obermann* son amour de la solitude, à *Werther*, le germanique, son incurable mélancolie aboutissant au suicide...; mais qu'on nous permette de garder la sérénité de nos pères, et, pardessus toute chose, leur profond scepticisme à l'endroit des poses plastiques en tout genre et des gasconnades *littératurantes*.

Abandonnons Saphir à la contemplation de son album, qui ressemble à un vieil herbier d'apothicaire; que, podagre et cacochyme, il déclame contre l'Espérance, c'est son lot... Laissons au virus mystique qui le dévore le soin de nous venger. Conscience, Betmann et OEttinger, à bout de conceptions, finiront par une méningite.

Dumas, le grand Dumas lui-même, qui avait saisi le meilleur procédé d'immortalité, celui d'attaquer M. de Voltaire, surnagera tout au plus sur le fleuve de l'oubli.

Le moment est venu d'empailler une bonne fois l'*Oncle Tom*, ses fils et ses nombreux cousins, afin de les placer au Muséum national. Le peuple français sera admis (*gratis*) à venir contempler ceux qu'il a tant aimés.

Amen !

CROTON-DUVIVIER,
Rentier, ex-fabricant de draps d'Elbeuf.

Pour copie :

ANTONIO WATRIPON

P. S. — De plus fort en plus fort ! Au moment de faire paraître les lignes qui précèdent, voici que le *Mousquetaire* nous apporte, toujours à l'endroit de Voltaire, des surprises phénoménales.

M. Dumas a découvert que *monsieur de Voltaire n'avait pas de cœur.*

Le sauveur des Calas, l'homme qui a écrit le poëme du

Tremblement de terre de Lisbonne, cette plainte sublime et déchirante ; l'homme qui était pris de spasmes nerveux à chaque anniversaire de la Saint-Barthélemy, *n'avait pas de cœur !*

Il est vrai qu'il ne faisait pas de la sensiblerie à tout propos et hors de propos : sa douleur était toujours grande comme l'humanité.

Pourtant, M. Alex. Dumas exhume contre lui des vers qui se terminent par celui-ci, qui vaut à lui seul tous les autres :

S'IL N'AVAIT PAS ÉCRIT, IL EUT ASSASSINÉ !

Si M. Dumas était capable de fanatisme, nous dirions qu'il est fanatique...

Est-ce du délire ? Est-ce de la rage ?... C'est tout au plus de l'étourderie.

Ce serait le comble de l'odieux, si ce n'était le comble du ridicule.

Diderot, qui se connaissait en hommes au moins autant que M. Dumas, et qui avait, lui, à se plaindre sérieusement de Voltaire, écrivait ceci : « Ne disons pas de mal de Voltaire, cela nous porterait malheur. Je connais telle action de lui que je voudrais avoir faite pour tout ce que je possède. C'est un sublime ouvrage que *Mahomet* : j'aimerais mieux avoir réhabilité la mémoire des *Calas*. »

Nous sommes de l'avis de Diderot contre celui de M. Dumas, qui n'a jamais réhabilité personne.

Versailles. — DUFAURE, Imp. de la Préfecture, rue de la Paroisse, 21.

Contraste insuffisant

NF Z 43-120-14

www.ingramcontent.com/pod-product-compliance
Lightning Source LLC
Chambersburg PA
CBHW071416060426
42450CB00009BA/1920